Craft Special

Marjoleine's
cards and gifts

Marjolein Zweed

Marjoleine's
cards and gifts

Marjolein Zweed

FORTE UITGEVERS | FORTE PUBLISHERS

ISBN 978 90 5877 718 8
NUR 475

This is a publication from
Forte Publishers BV
P.O. Box 1394
3500 BJ Utrecht
The Netherlands

For more information about the creative books available from Forte Uitgevers:
www.fortepublishers.com

Final editing: Gina Kors-Lambers, Steenwijk, the Netherlands
Photography and digital image editing: Fotografie Gerhard Witteveen, Apeldoorn, the Netherlands
Cover and inner design: Scriptura Westbroek, the Netherlands
Translation: TextCase, Hilversum, the Netherlands

Inhoud *Contents*

Voorwoord *Introduction*

Als kaartenmakers hebben we een heleboel materialen, gereedschappen en technieken in huis, waar we nog veel meer andere dingen mee kunnen maken. Mini-scrapbookjes, doosjes, kleine cadeautjes, … .

Naast een aantal kaarten staan er in dit boek allerlei ideeën voor het maken van dit soort kleine cadeautjes. En die cadeautjes kun je met dezelfde materialen maken, als de kaarten. Zoals doosjes waarin je een stapeltje zelfgemaakte kaarten kunt doen. Leuk om cadeau te geven. Maar misschien houd je het wel lekker zelf. Want die badset staat toch wel heel leuk in de badkamer. En die opbergpotten voor je hobbymaterialen zijn niet alleen erg praktisch, maar ook zo decoratief in je hobbyhoekje. Maak voor de vrienden, met wie je een weekendje weg was, eens een mini-scrapbookje van de foto's. Maak er ook één voor jezelf. Als je die hetzelfde maakt, is zo'n tweede boekje zo klaar.

Laat je inspireren door de ideeën in dit boek en geef ook eens een zelfgemaakt cadeautje. Of een mooi doosje, waarin een eenvoudig cadeautje veel waardevoller lijkt.

Veel plezier bij het maken van de kaarten en cadeautjes!

Marjolein

Alle voorbeelden, uit dit boekje zijn te zien in mijn winkel "Marjolein Zweed Creatief" te Abbekerk.

As crafters we have a lot of materials, tools and techniques at our disposal which allows us to make plenty of other things, for example, mini scrapbooks, boxes, small gifts, etc. As well as cards, this book has all kinds of ideas for making small gifts which you can make with the same materials used for the cards, such as boxes in which you can store your homemade cards. These are lovely to give as presents, but you may like to keep them yourself! That bath set does look very nice in the bathroom and those storage pots for your hobby materials aren't just practical, but will also brighten up your hobby corner. Why not make the friends with whom you enjoyed a weekend away, a mini scrapbook for the photos, and maybe one for yourself too. If you make them together, the second book will be ready in no time at all. Become inspired by the ideas in this book and now and then give away a homemade gift, or a beautiful box which can make a simple present look much more special.

I hope you have lots of fun making your cards and gifts!

Marjolein

All examples from this book can be seen at my shop 'Marjolein Zweed Creatief' in Abbekerk.

Technieken *Techniques*

Tip bij het strikken
Soms wil je de strik in dezelfde richting als bijvoorbeeld de vouw. Een andere keer wil je de strik misschien wel dwars. Dit kun je een beetje manipuleren. Als de strik verkeerd zit, maak je hem opnieuw. Maar nu doe je de knoop, waar je mee begint, net andersom. Dus rechts over links in plaats van links over rechts of juist andersom. De strik maak je op dezelfde wijze als je eerste strik.

Doos
De dozen in dit boek zijn gemaakt van Papicolor karton. Je kunt ze geheel of gedeeltelijk beplakken met scrappapier. Om de maten van je doos te bepalen, moet je de grootte van de bodem en de hoogte van je doos weten. Om de boven- en de onderkant van de doos goed over elkaar heen te kunnen schuiven, moeten de lengte en de breedte van de bodem van de onderkant 0,25 cm kleiner zijn dan die van de bovenkant. Om de grootte van je karton te bepalen, neem je de maten van de bodem en tel je bij de lengte en de breedte 2 maal de hoogte op. Je kunt de hoogte van het deksel ook nog iets korter maken, zodat de onderkant van de doos er iets uitsteekt.

Voorbeeld voor een doos waarin je rechthoekige kaarten kunt bewaren: De bodem van het deksel is 12,5 x 17 cm, die van de onderkant is 12,25 x 16,75 cm. Als je het deksel 2 cm hoog wilt maken, heb je een stuk karton nodig van 16,5 x 21 cm. Als je de onderkant 2,5 cm hoog wilt maken, heb je een stuk karton nodig van 17,25 x 21,75 cm.

Voorbeeld voor een doos waarin je vierkante kaarten kunt bewaren: De bodem van het deksel is 15 x 15 cm, die van de onderkant is 14,75 x 14,75 cm. Als je het deksel 2 cm hoog wilt maken, heb je een stuk karton nodig van 19 x 19 cm. Als je de onderkant 2,5 cm hoog wilt maken, heb je een stuk karton nodig van 19,75 x 19,75 cm.

Maak met een rilpen de vouwlijnen (stap 1). Knip of snijd de hoeken in. Vouw alle vouwlijnen (stap 2). Zet met dubbelzijdig plakband de doos in elkaar (stap 3). Je kunt nu de doos versieren met dezelfde plaatjes als de kaarten, die je erin gaat doen (stap 4).

Mini-scrapbook
Voor het maken van een mini-scrapbook, hoef je alleen maar een paar kaarten in elkaar te schuiven, of een aantal stukken karton vast te zetten met een lintje (zie pagina 26), koordje, splitpennen, brads, bind-ringen of snelhechter (zie pagina 8). Je kunt het ook laten inbinden.

Tip bij het gebruik van wrijfletters
Wrijfletters hechten niet goed op hun ondergrond, als je die ondergrond net gelijmd hebt. Laat de lijm eerst goed drogen, voordat je de letters erop wrijft.

Soufflépen
Soufflépennen zijn verkrijgbaar in diverse kleuren. In dit boek heb ik een witte gebruikt. Het duurt even voordat de inkt van deze pennen de juiste kleur heeft. Deze pennen zijn ook geschikt om er mee op foto's te schrijven.

Cirkelpons
In plaats van een cirkelpons kun je ook een cirkelsnijder gebruiken.

Tips for making bows
Sometimes you may want to place the bow in the same direction as, for example, the fold, or maybe diagonally. You can make changes as you like. If the bow doesn't look right you can try again. But this time you tie the knot you started off with the other way around. So, right over left instead of left over right or the other way around. You tie the bow exactly the same as your first bow.

Box
The boxes in this book are made from Papicolor card. You can either completely or partly cover them with scrapbook paper. To decide on the size of your box, you must know the size of the bottom area and the height of your box. To be able to fit the top over the bottom of the box, the length and width of the bottom must be 0.25cm smaller than the top. To decide on the size of your piece of card,

Stap voor stap *Step-by-step*

1. Ril de vouwlijnen.
1. Score the folds.

2. Knip of snijd de hoeken in. Vouw alle vouwlijnen.
2. Use a pair of scissors or knife to cut the corners in. Fold all the creases.

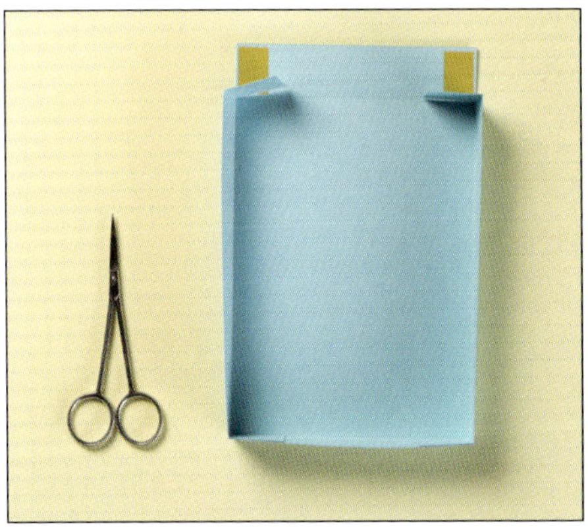

3. Met dubbelzijdig plakband de doos in elkaar zetten.
3. Assemble the box with double sided tape.

4. Versier de doos met scrappapier en 3D-plaatjes.
4 Decorate the box with scrapbook paper and 3D pictures.

you take the measurements of the bottom and add twice the height to the length and the width. You can also shorten the height of the lid so that the bottom of the box slightly sticks out.
Examples for a box in which you can store rectangular cards: If the bottom of the lid is 12.5 x 17cm, then the underneath should measure 12.25 x 16.75cm. If you want to make the lid 2cm high you will need a piece of card measuring 16.5 x 21cm. If you want to make the underneath 2.5cm high, you will need a piece of card measuring 17.25 x 21.75cm.
Example of a box in which you can store square cards: If the bottom of the lid is 15 x 15cm, then the underneath should measure 14.75 x 14.75cm. If you want to make the lid 2cm high you will need a piece of card measuring 19x19cm. If you want to make the underneath 2.5cm high, you will need a piece of card measuring 19.75 x 19.75cm. Make the folding creases with a scoring pen (step 1). Cut into the corners using a pair of scissors or a knife. Fold all folding creases (step 2). Assemble the box with double sided tape (step 3). You can now decorate the box with the same pictures as the cards which you will store in it (step 4).

Mini-scrapbook
You only need to slide a few cards together or bind a few pieces of card with a ribbon (see page 26), string, split pins, brads, eyelets or binding clip (see page 8). You can also insert it in a binder.

Tips for using rub-on letters
Rub-on letters do not adhere well to a surface if it has been recently glued. Firstly leave the glue to dry well before you use the rub-on letters.

Souffle pen
Souffle pens are available in several colours. In this book I have used a white one. It takes a while before the ink from these pens becomes the correct colour. These pens are also suitable for writing on photos.

Circle cutter
Instead of a circle punch you may also use a circle cutter.

Materialen *Materials*

- 3D-schaartje
- snijmesje
- snijmat
- doorzichtige snijliniaal (Securit)
- fotolijm
- 3D-kit met spuitje
- 3D-foamtape
- dubbelzijdig plakband
- Marjoleine's 3D-vellen
- Papicolor karton
  Je kunt uit dit karton je eigen kaarten snijden, maar de gewone en vierkante kaarten zijn ook voorgesneden en -gevouwen te koop. De kleurnummers staan bij elk hoofdstuk vermeld.
- gereedschap voor eyelets
  eyelet-tool, eyelet-mat

De overige materialen staan bij de desbetreffende kaarten en cadeautjes vermeld.

- *3D-scissors*
- *cutting knife*
- *cutting mat*
- *transparent cutting ruler (Securit)*
- *photo glue*
- *3D kit with dosage syringe*
- *3D foam tape*
- *double sided tape*
- *Marjoleine's 3D sheets*
- *Papicolor card*
  You can cut your own cards from this card but the regular and square cards are also available pre-cut and pre-folded. The colour codes are mentioned in every chapter.
- *tools for eyelets*
  eyelet-tool, eyelet-mat

Other relevant materials for special cards and presents are mentioned throughout the book.

Schelpen *Shells*

Werkwijze

1. Neem een gewone dubbele nachtblauwe kaart (10,5 x 15 cm).
2. Scheur uit beide soorten scrappapier een strook. Plak ze op de kaart en beplak de rest van de kaart met blauw scrappapier.
3. Plak drie plaatjes van schelpen (op één na kleinste maat) op de kaart en werk het uit in 3D.
4. Pons een rondje uit nachtblauw karton en licht scrappapier . Sla een eyelet door het rondje. Knoop raffia om de kaart en knoop er het labeltje aan.

Method

1. Take a regular double night blue card (10.5 x 15cm).
2. Tear a strip off both scrapbook papers. Glue them onto the card and glue blue scrapbook paper onto the rest of the card.
3. Glue three pictures of shells (smallest but one) onto the card and design it as 3D.
4. Punch a hole through the night blue carton and the light scrapbook paper. Punch an eyelet through the hole. Thread the raffia around the card and attach a label.

Kaart met gescheurde zijkant
Card with torn side

Benodigdheden

• 3D-vellen: schelpen (2 lagen) • Papicolor karton: nachtblauw (41) • scrappapier: Addison kant en Hannah ivoor carré • raffia • eyelet • cirkelpons: 25 mm (limegroen)

Materials

• 3D sheets: shells (2 layers) • apicolor card: night blue (41) • scrapbook paper: Addison lace and Hannah ivory carré • raffia • eyelet • circle cutter 25 mm (lime green)

Mini-scrapbook

Benodigdheden

• 3D-vellen: schelpen • Papicolor karton: nachtblauw (41) en nootbruin (39) • scrappapier: Addison kant en Hannah ivoor carré • snelhechter • perforator • gewaxed koord naturel 1 mm • eyelet • cirkelpons: 25 mm (limegroen) • witte soufflépen • foto's

Materials

• 3D-sheets: shells • Papicolor card: night blue (41) and nut brown (39) • scrapbook paper: Addison lace and Hannah ivory carré • fastener • perforator • waxed cord natural 1 mm • eyelet • circle cutter: 25 mm (lime green) • white souffle pen • photos

Werkwijze

1. Snijd uit nachtblauw karton stukken van 10,5 x 15 cm. Het aantal is afhankelijk van het aantal bladzijdes, dat je in je boek wilt. Vouw bij elk stuk karton een strook van 2,5 cm van de korte zijkant om en weer terug. Maak met de perforator gaatjes in de strook.
2. Neem twee van die stukken karton voor het kaft. Snijd in de voorkant een passe-partout van 5 x 7,5 cm, 2,5 cm van de boven- en de zijkant. Beplak de buitenkant met blauw scrappapier van 17,5 x 13 cm. Vouw de randen om, knip de hoeken weg en plak het vast. Vouw ook de randen van het passe-partout naar binnen. Teken met soufflépen een randje, 0,5 cm langs het passe-partout. Plak een foto achter het passe-partout. Beplak de binnenkant van het kaft met stukken scrappapier van 14,25 x 10 cm. Perforeer de gaatjes en bind het samen met een snelhechter.

3. Pons een rondje uit nachtblauw karton en blauw scrappapier. Sla een eyelet door de rondjes. Knoop het met gewaxed koord aan de snelhechter.
4. Snijd een stukje nachtblauw karton van 3,5 x 3,5 cm. Plak het op het kaft en plak daarop schelpen (kleinste maat). Versier de bladzijdes van het mini-scrapbookje.

Method

1. *Cut strips measuring 10.5 x 15cm from night blue card. The amount depends on the number of pages you want in your book. With each piece of card fold over a strip of 2.5cm of the shortest side and fold it back again. Use the perforator to make holes in the strip.*
2. *Take two pieces of card for the cover. At the front, cut a passe-partout measuring 5 x 7.5cm, 2.5cm from the top and side. Glue the outside with blue scrapbook paper measuring 17.5 x 13cm. Fold the edges, cut away the corners and glue it together. Fold the edges of the passe-partout to the inside as well. Draw a rim with a souffle pen, 0.5cm along the passe-partout. Glue a photo behind the passe-partout. Glue pieces of scrapbook paper measuring 14.25cm x 10cm onto the inside of the cover. Perforate the holes and bind it together with a fastener.*
3. *Punch a hole through the night blue carton and blue scrapbook paper. Punch an eyelet through the holes. Thread it with waxed wire to the fastener.*
4. *Cut a piece of night blue card measuring 3.5 x 3.5cm. Glue it onto the cover and then the shells (smallest size) onto the cover. Decorate the pages of the mini scrapbook.*

Hobbygereedschap *Hobbytools*

Vierkante kaart *Square card*

Benodigdheden
• 3D-vellen: hobbygereedschap (1 laag) • blauwe quattro banner kaart rond (Romak) • Papicolor karton: nootbruin (39) • cirkelpons 25 mm (limegroen) • gewaxed koord naturel 1 mm • eyelet

Materials
• 3D-sheets: hobby tools (1 layer) • blue Quattro banner card round (Romak) • Papicolor card: nut brown (39) • circle cutter 25 mm (lime green) • waxed cord natural 1 mm • eyelet

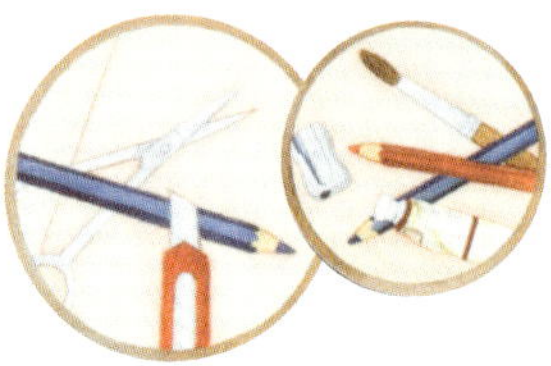

Werkwijze
1. Snijd uit een stuk nootbruin karton van 11,5 x 11,5 cm een passe-partout, 1,5 cm van alle zijkanten.
2. Plak het passe-partout aan de binnenkant van de voorkant van de kaart.
3. Plak vier plaatjes (op één na kleinste maat) op de kaart.
4. Pons een cirkel uit blauw karton en plak er een plaatje van hobbygereedschap (kleinste maat) op. Sla een eyelet door het rondje. Knoop een stuk gewaxed koord om de kaart heen en knoop er het ronde labeltje aan.

Method
1. *Cut out a passé-partout from a piece of nut brown card 11.5 x 11.5cm, 1.5cm from all sides.*
2. *Glue the passe-partout to the inside of the front of the card.*
3. *Glue four pictures (smallest but one) onto the card.*
4. *Cut a circle out of the blue card and glue a picture of hobby tools onto it. (smallest but one). Punch an eyelet through the hole. Thread a piece of waxed cord around the card and attach the round label.*

Vouwkaart *Folding card*

Benodigdheden
• 3D-vellen: hobbygereedschap (2 lagen)
• blauwe vierkante kaart vouw rond (Romak) • scrappapier: Hannah ivoor carré • rood lint

Materials
• *3D-sheets: hobby tools (2 layers)*
• *blue square card fold round (Romak)*
• *scrapbook paper: Hannah ivory carré*
• *red ribbon*

Werkwijze
1. Neem een stuk scrappapier van 12 x 12 cm en plak het in de kaart.
2. Plak een plaatje van hobbygereedschap (op één na grootste maat) op de kaart en werk deze uit in 3D.
3. Maak met de eyelet-tool twee gaatjes in de linker onderhoek van de kaart. Zowel in de eerste, als de tweede laag, maar niet in de achterkant van de kaart.
4. Steek het lint door de gaatjes en maak een strik.

Method
1. *Take a piece of scrapbook paper measuring 12 x 12cm and glue it into the card.*
2. *Glue a picture of hobby tools (largest but one) onto the card, and design it in 3D.*
3. *Use the eyelet-tool to make two holes at the bottom left corner of the card. Do this on the first and second layer, but not on the back of the card.*
4. *Thread the ribbon through the holes and make a bow.*

Werkwijze

1. Plak met dubbelzijdig plakband stroken scrappapier om de potten.
2. Pons een grote cirkel uit blauw scrappapier en plak het op de lage pot. Plak plaatjes van hobbygereedschap op de potten (middelste maat en op één na grootste maat).
3. Plak rode stickerrandjes op de hoge pot en wrijf een tekst, bijvoorbeeld 'Potloden', op de lage pot.
4. Pons een cirkel uit blauw karton en uit blauw scrappapier en plak er een plaatje van hobbygereedschap (kleinste maat) op. Sla een eyelet door het rondje. Wrijf een tekst op crème scrappapier en snijd het iets ruimer uit. Plak het op nachtblauw karton en snijd dat iets ruimer uit. Sla er een eyelet in. Knoop gewaxed koord om de potten en knoop er de labeltjes aan.

Method

1. *Apply strips of scrapbook paper around the pots using double sided tape.*
2. *Punch a large circle through the blue scrapbook paper and glue it to the low pot. Glue pictures of hobby tools onto the pots (medium size and largest but one).*
3. *Glue red border stickers to the tall pot and rub text onto the smaller pot, for example, 'Pencils'.*
4. *Punch a circle out of the blue card and out of the blue scrapbook paper and glue a picture of hobby tools (smallest size) onto it. Punch an eyelet through the hole. Rub a text onto cream scrapbook paper and cut it out slightly bigger. Glue it onto the night blue card and also cut that slightly bigger. Punch in an eyelet. Thread waxed cord around the pots and attach the labels to it.*

Opbergpotten *Storage pots*

Benodigdheden

• 3D-vellen: hobbygereedschap • Papicolor karton: nachtblauw (41) • scrappapier: Addison kant en Hannah ivoor carré • glazen potten • cirkelpons: 25 mm (limegroen) en 64 mm (roze) • gewaxed koord bruin 1 mm • eyelets • rode randjessticker (Starform 1016) • wrijfletters (Royal)

Materials

• 3D-sheets: hobby tools • Papicolor card: night blue (41) • scrapbook paper: Addison lace and Hannah ivory carré • glass pots • circle cutter: 25 mm (lime green) and 64 mm (pink) • waxed cord brown 1 mm • eyelets • red border sticker (Starform 1016) • rub-on letters (Royal)

Zwanen *Swans*

Kaart *Card*

Benodigdheden
• 3D-vellen: zwanen (3 lagen) • Papicolor karton: lichtroze (23) en cerise (33) • scrappapier: Basic Grey Blush Sweetie • witte soufflépen

Materials
• 3D-sheets: swans (3 layers) • Papicolor card: light pink (23) and cerise (33) • scrapbook paper: Basic Grey Blush Sweetie • white souffle pen

Werkwijze

1. Snijd een stuk lichtroze karton van 21 x 19 cm en vouw het dubbel, zodat je een kaart krijgt van 10,5 x 19 cm. Beplak het met scrappapier.
2. Snijd een stuk cerise karton van 8,5 x 8,5 cm en plak het op de kaart. Plak er zwanen (grootste maat) op en werk het uit in 3D.
3. De patronen voor de cijfers maak je op de computer. Het lettertype is Times New Roman, de grootte is 240. Klik vervolgens op opmaak, lettertype en contour. Print je patroon uit. Knip het patroon uit cerise karton en plak het op de kaart.
4. Teken met de witte soufflépen stiksteekjes op de cijfers. Plak een plaatje van bloemen met 3D-kit of foamtape op de kaart.

Method

1. *Cut a piece of light pink card measuring 21 x 19cm and fold it double so that you have a card of 10.5 x 19cm. Decorate it with scrapbook paper.*
2. *Cut a piece of cerise card measuring 8.5 x 8.5cm and glue it to the card. Glue swans onto it (largest size) and design it in 3D.*
3. *Design the patterns for thedigits on the computer. Using the font Times New Roman, size 240. Next, click on styles and formatting, font and border. Print out your pattern. Cut the pattern out and glue it onto the cerise card.*
4. *Use the white souffle pen to draw stitch marks on the numbers. Glue a picture of flowers with the 3D-kit or foam tape onto the card.*

Bedankje *Thank you card*

Benodigdheden
• 3D-vellen: zwanen (3 lagen) • Papicolor karton: cerise (33) • scrappapier: Hannah rode bloemen
• cirkelpons: 38 mm (geel) • roze lint • roze eyelet • witte soufflépen • soepel doorschijnend plastic • snoepjes

Materials
• 3D-sheets: swans (3 layers) • Papicolor card: cerise (33) • scrapbook paper: Hannah red flowers • circle cutter: 38 mm (yellow) • pink ribbon • pink eyelet • white souffle pen • flexible transparent plastic • sweets

Werkwijze
1. Snijd uit het scrappapier een strook van 15 x 30 cm.
2. Om de onderkant makkelijk te vouwen, is het handig om een stevig doosje te gebruiken als opvulling. Bij dit zakje heb ik een cassettebandje hiervoor gebruikt. Wikkel het papier om het stevige doosje. Haal het eraf en vouw de vouwen nog eens na. Vouw nog een extra vouw midden op de smalle zijkant.
3. Snijd een gat in het papier. Ik heb een gat gesneden van 4,5 x 4,5 cm. Plak met dubbelzijdig plakband een stukje plastic achter het gat. Teken met soufflépen streepjes en stipjes langs het gat.
4. Wikkel het weer om het stevige doosje en plak de wikkel dicht. Vouw en plak de onderkant van het zakje. Vouw de bovenkant om en maak er met de eyelet-tool twee gaatjes in.
5. Vul het zakje met snoepjes en strik het dicht.
6. Plak zwanen (kleinste maat) op het zakje.
7. Pons een cirkel uit cerise karton en uit het scrappapier. Schrijf er met soufflépen een tekst op en versier het met streepjes en stipjes. Sla een eyelet door het rondje en knoop het aan het lint.

Method

1. *Cut a strip measuring 15 x 30cm from the scrapbook paper.*
2. *To simplify folding the bottom, it is useful to use a firm box as filling. For this bag I used a cassette tape. Wrap the paper around the firm box. Remove it and crease the folds again. Crease an extra fold through the middle on the small side.*
3. *Cut a hole in the paper. I cut a hole of 4.5 x 4.5cm. Glue a piece of plastic behind the hole with double sided tape. Draw lines and dots along the hole with a souffle pen.*
4. *Wrap it once again around the firm box and seal the wrap. Fold and glue the bottom of the bag. Fold the top over and make two holes in it with the eyelet-tool.*
5. *Fill the bag with sweets and seal it with a bow.*
6. *Glue swans (smallest size) onto the bag.*
7. *Punch a circle through the cerise card and the scrapbook paper. Write a piece of text with the souffle pen and decorate with stripes and dots. Punch an eyelet through the circle and thread the ribbon through it.*

Vogelhuisjes *Bird box*

Werkwijze

1. Snijd uit olijfgroen karton en uit het scrappapier stroken van 10,5 x 30 cm. Vouw van de strook scrappapier 10,5 cm om. Vouw de strook olijfgroen karton dubbel en plak op de voorkant van die kaart het omgevouwen stuk scrappapier van 10,5 cm. Snijd van de voorkant van de kaart een strook af, zodat er een klein olijfgroen randje uitsteekt. Plak de strook scrappapier om de kaart. Het stukje, dat je overhoudt, vouw je naar binnen.
2. Snijd een stukje olijfgroen karton van 6,5 x 6,5 cm en plak het op de kaart. Plak er een vogelhuisje (op één na grootste maat) op de kaart en werk het uit in 3D.
3. Snijd een stukje azuurblauw karton van 1 x 3,75 cm. Wrijf op dat strookje en op de kaart letters. Plak het strookje op de kaart.
4. Maak een gaatje in het kleine strookje en bevestig een brad.

Method

1. *Cut strips measuring 10.5 x 30cm from the olive green card and the scrapbook paper. Fold 10.5cm from the strip of scrapbook paper. Fold the strip of olive green card double and glue the folded piece of scrapbook paper onto the front of the card. Cut a strip from the front of the card so that a small olive green edge is showing. Glue the strip of scrapbook paper around the card. The remaining piece is to be folded inwards.*
2. *Cut a piece of olive green card to 6.5 x 6.5cm and glue it onto the card. Glue a bird box (largest but one) onto the card and design it in 3D.*
3. *Cut a piece of azure card to 1cm. x 3.75cm. Rub letters onto the strip and onto the card. Glue the strip onto the card.*
4. *Make a hole in the small strip and attach a brad.*

A new home

Benodigdheden

• 3D-vellen: vogelhuisje (3 lagen) • scrappapier: Basic Grey Dasher Bunny Hill • Papicolor karton: olijfgroen (45) en azuurblauw (04) • brad • wrijfletters (Royal)

Materials

• 3D-sheets: bird box (3 layers) • scrapbook paper: Basic Grey Dasher Bunny Hill • Papicolor card: olive green (45) and azure (04) • brad • rub-on letters (Royal)

Kaart *Card*

Benodigdheden
• 3D-vellen: vogelhuisje (3 lagen) • scrappapier: Basic Grey Dasher Bunny Hill • Papicolor karton: olijfgroen (45), turkoois (32) en azuurblauw (04) • brads • cirkelpons: 38 mm (geel) • witte soufflépen • wrijfletters (Royal)

Materials
• 3D-sheets: bird box (3 layers) • scrapbook paper: Basic Grey Dasher Bunny Hill • Papicolor card: olive green (45), turquoise (32) and azure (04) • brads • circle cutter: 38 mm (yellow) • white souffle pen • rub-on letters (Royal)

Werkwijze
1. Snijd uit olijfgroen karton en uit het scrappapier stroken van 10,5 x 30 cm. Vouw de stroken dubbel en plak ze in elkaar.
2. Snijd uit turkoois karton een stuk van 8 x 5 cm, uit azuurblauw karton een strook van 1 x 30 cm en pons uit olijfgroen karton een cirkel. Teken met de soufflépen streepjes langs de cirkel. Wrijf cijfers op de cirkel.
3. Plak alle stukjes karton op de kaart. Plak een vogelhuisje (op één na kleinste maat) op de kaart en werk het uit in 3D.
4. Maak drie gaatjes in de strook en bevestig de brads.

Method
1. *Cut strips measuring 10.5 x 30cm from the olive green card and out of the scrapbook paper. Fold the strips double and glue them together.*
2. *Cut a piece measuring 8 x 5cm from the turquoise card., a strip of 1 x 30cm of azure card and punch a circle out of the olive green card. Draw lines along the circle with the souffle pen. Rub numbers onto the circle.*
3. *Glue all pieces of card onto the card. Glue a bird box (smallest but one) onto the card and design it in 3D.*
4. *Make three holes in the strip and attach the brads.*

Kaartendoos *Card box*

Benodigdheden
• 3D-vellen: vogelhuisje • scrappapier: Basic Grey Dasher Bunny Hill • Papicolor karton: olijfgroen (45) en azuurblauw (04) • Papicolor enveloppen rechthoekig: olijfgroen (45) • brad • wrijfletters (Royal)

Materials
• 3D-sheets: bird box • scrapbook paper: Basic Grey Dasher Bunny Hill • Papicolor card: olive green (45) and azure (04) • Papicolor envelopes rectangular: olive green (45) • brad • rub-on letters (Royal)

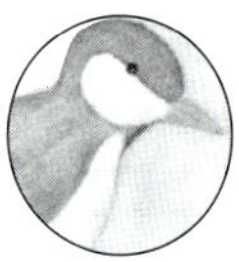

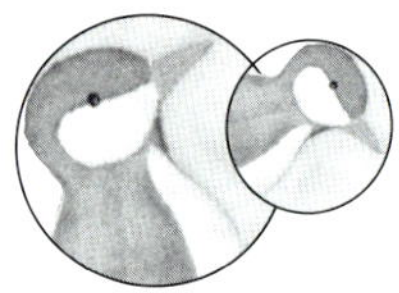

Werkwijze
1. Snijd uit azuurblauw karton een stuk van 16,5 x 21 cm voor het deksel en een stuk van 17,25 x 21,75 cm voor de onderkant.
2. Zet de doos volgens de beschrijving op bladzijde 4 in elkaar. De hoogte van het deksel is 2 cm en de hoogte van de onderkant is 2,5 cm.
3. Snijd uit het scrappapier twee randjes van 0,5 cm breed. Plak het rondom de zijkant van het deksel.
4. Snijd uit scrappapier een strook van 7,5 x 15 cm, wrijf er een tekst op en plak het op het deksel. Plak er een stukje olijfgroen karton van 7 x 7 cm en een vogelhuisje (grootste maat) op.

Method
1. *Cut a piece measuring 16.5 x 21cm for the lid and a piece 17.25 x 21.75cm for the bottom from the azure card.*
2. *Next, assemble the box according to the example given on page 4. The height of the lid is 2 cm and the height of the bottom is 2.5cm.*
3. *Cut two edges of 0.5cm wide from the scrapbook paper. Glue it around the sides of the lid.*
4. *Cut a strip measuring 7.5 x 15cm from the scrapbook paper, rub a piece of text on and glue it onto the lid. Glue a piece of olive green card measuring 7 x 7cm onto it and a bird box (largest size).*

Clown *Clown*

Canvas doek
Canvas fabric

Benodigdheden
• 3D-vellen: clown • Papicolor karton: donkerblauw (06) • scrappapier: blauwe bloemen, limegroene bloemen en rode stippen (Rob & Bob) • canvas doek 20 x 20 cm • Aleene's verf: true red • groene eyelets • blauw en groen lint Making Memories • foto (9 x 13 cm)

Materials
• 3D-sheets: clown • Papicolor card: dark blue (06) • scrapbook paper: blue flowers, lime green flowers and red dots (Rob & Bob) • canvas fabric 20 x 20cm • Aleene's paint: true red • green eyelets • blue and green ribbon Making Memories • photo (9 x 13cm)

Werkwijze
1. Verf het canvas doek rood. Het dekt niet in één keer.
2. Snijd uit het groene scrappapier een stuk van 15 x 15 cm, uit het blauwe scrappapier een stuk van 10 x 10 cm en uit het rode scrappapier een stuk van 4 x 12 cm en plak het met dubbelzijdig plakband op het canvas doek.
3. Snijd uit donkerblauw karton een stuk van 9,5 x 13,5 cm en plak er de foto op. Bevestig drie eyelets aan de rand van de foto en knoop er lint door. Plak het op het canvasdoek.
4. Plak een clown (grootste maat) op het canvasdoek.

Method
1. *Paint the canvas fabric red. It may need more than one coat*
2. *Cut a piece measuring 5 x 15cm from the green scrapbook paper, a piece 10 x 10cm from the blue scrapbook paper and a piece measuring 4 x 12cm from the red scrapbook paper and attach it, using double sided tape, onto the canvas fabric.*
3. *Cut a piece 9.5 x 13.5cm from the dark blue card and glue the photo onto it. Attach three eyelets to the edge of the photo and thread ribbon through it. Glue it onto the canvas fabric.*
4. *Glue a clown (largest size) onto the canvas fabric.*

Vierkante kaart
Square card

Benodigdheden
• 3D-vellen: clown (3 lagen) • Papicolor karton: donkerblauw (06) • scrappapier: oranje bloemen, blauwe bloemen, limegroene bloemen en rode stippen (Rob & Bob) • blauwe eyelet • blauwe brads • blauw lint • cirkelpons: 76 mm (paars)

Materials
• 3D-sheets: clown (3 layers) • Papicolor card: dark blue (06) • scrapbook paper: orange flowers, blue flowers, lime green flowers and red dots (Rob & Bob) • blue eyelet • blue brads • blue ribbon • circle cutter: 76 mm (purple)

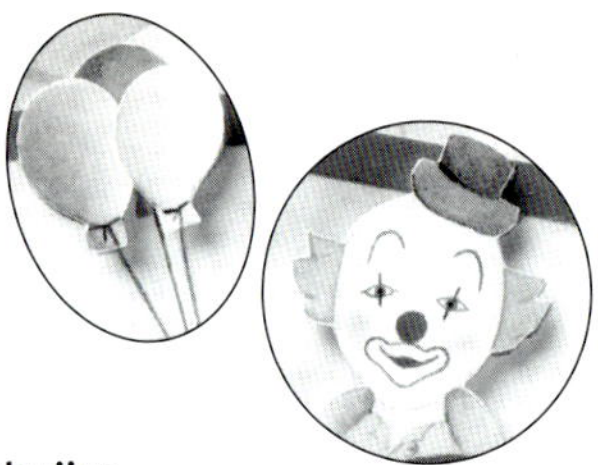

Werkwijze
1. Neem een dubbele vierkante donkerblauwe kaart (13 x 13 cm) en beplak het met blauw scrappapier.
2. Snijd uit oranje en rood scrappapier stukken van 6 x 6 cm en pons uit groen scrappapier een cirkel. Plak een clown (op één na grootste maat) op de cirkel. Sla er in de hoek een eyelet door en knoop er een lintje door.
3. Plak de vierkantjes en de cirkel op de kaart. Maak drie gaatjes in de kaart en bevestig de brads.
4. Werk de clown uit in 3D.

Method
1. *Using a double square dark blue card (13 x 13cm) cover it with blue scrapbook paper.*
2. *Cut orange and red scrapbook paper pieces measuring 6 x 6cm and punch a circle from the green scrapbook paper. Glue a clown (largest but one) onto the circle. Punch an eyelet in the corner and thread a ribbon through.*
3. *Glue the squares and the circle onto the card. Make three holes in the card and attach the brads.*
4. *Design the clown in 3D.*

Werkwijze

1. Snijd een stuk lentegroen karton van 15 x 15 cm en vouw het dubbel. Beplak het met limegroen scrappapier.
2. Snijd een strookje uit het rode scrappapier, net zo breed als een rij stippen en 15 cm lang. Plak het op de kaart.
3. Snijd een stuk donkerblauw karton en een stuk blauw scrappapier van 8,5 x 8,5 cm, plak ze op elkaar en gedeeltelijk op de kaart.
4. Plak een clown (grootste maat) op de kaart en werk het uit in 3D.

Method

1. *Cut a piece of spring green card measuring 15 x 15cm and fold it double. Cover it with lime green scrapbook paper.*
2. *Cut a strip from the red scrapbook paper, as wide as a row of dots and 15cm long. Glue it onto the card.*
3. *Cut a piece of dark blue card and a piece of blue scrapbook paper to 8.5 x 8.5cm; glue these on top of each other and partly onto the card.*
4. *Glue a clown (largest size) onto the card and design it in 3D.*

Rechthoekige kaart
Rectangular card

Benodigdheden

• 3D-vellen: clown (3 lagen) • Papicolor karton: lentegroen (08) en donkerblauw (06) • scrappapier: blauwe bloemen, limegroene bloemen en rode stippen (Rob & Bob)

Materials

• 3D-sheets: clown (3 layers) • Papicolor card: spring green (08) and dark blue (06) • scrapbook paper: blue flowers, lime green flowers and red dots (Rob & Bob)

Vlinder *Butterfly*

Kalender *Calendar*

Benodigdheden

• 3D-vellen: blauw-gele vlinders • Papicolor karton: donkerblauw (06) • scrappapier: blauwe bloemen (Rob en Bob) en Oh Girl Buttercup (Basic Grey) • bindring • brads • blauw lint

Materials

• 3D-sheets: blue-yellow butter-flies • Papicolor card: dark blue (06) • scrapbook paper: blue flowers (Rob & Bob) and Oh Girl Buttercup (Basic Grey) • ring binder • brads • blue ribbon

Werkwijze

1. Snijd uit het donkerblauwe karton twee stukken karton van 20,5 x 30 cm en 12 stukken karton van 20 x 9,5 cm. Beplak alle stukken karton met scrappapier.
2. Laat het inbinden.
3. Vouw de grote stukken karton in drie delen van 10 cm breed, vouw het in een driehoek en plak het vast.
4. Snijd een stuk geel scrappapier van 18,5 x 7 cm, print hierop een maandkalender. Die kun je maken op de computer met behulp van een tabel.
5. Plak vlinders (op één na grootste en kleinste maat) op het gele scrappapier. Bevestig een stukje lint met een brad aan het gele scrappapier.
6. Plak het gele scrappapier op een bladzijde van de kalender.
7. Maak zo ook de andere maanden.

Method

1. Cut two pieces of card measuring 20.5 x 30cm from the dark blue card and 12 pieces of card measuring 20 x 9.5cm. Cover all pieces of card with scrapbook paper.
2. Put it into the ring binder.
3. Fold the large pieces of card into three equal parts of 10cm wide, fold them into a triangle and glue them together.
4. Cut a piece of yellow scrapbook paper measuring 18.5 x 7cm. Print a month calendar onto this. You can make this on the computer with the help of a table.
5. Glue butterflies (largest but one and smallest size) onto the yellow scrapbook paper. Attach a piece of ribbon with a brad onto the yellow scrapbook paper.
6. Glue the yellow scrapbook paper onto a page of the calendar.
7. Do the same with the other months.

Vierkante kaart
Square card

Benodigdheden
• 3D-vellen: blauw-gele vlinders (3 lagen) • Papicolor karton: donkerblauw (06) • scrappapier: blauwe bloemen (Rob en Bob) en Oh Girl Buttercup (Basic Grey) • brads • blauw lint • cirkelpons: 64 mm (roze)

Materials
• 3D-sheets: blue-yellow butterflies (3 layers) • Papicolor card: dark blue (06) • scrapbook paper: blue flowers (Rob & Bob) and Oh Girl Buttercup (Basic Grey) •brads • blue ribbon • circle cutter: 64 mm (pink)

Werkwijze
1. Neem een dubbele vierkante donkerblauwe kaart (13 x 13 cm) en beplak het met blauw scrappapier.
2. Snijd stroken geel scrappapier van 13 x 3,5 cm en van 13 x 1 cm en plak ze op de kaart. Maak drie gaatjes in de smalle strook en bevestig de brads.
3. Pons een cirkel uit donkerblauw karton en uit het gele scrappapier. Plak ze op elkaar, met een vlinder (op één na grootste maat) erop. Werk de vlinder uit in 3D.
4. Sla een eyelet door de cirkel en strik het met lint om de kaart.

Method
1. Take a double square dark blue card (13 x 13cm) and cover it with blue scrapbook paper.
2. Cut strips of yellow scrapbook paper measuring 13 x 3.5cm and 13 x 1cm and glue them onto the card. Make three holes in the narrow strip and attach the brads.
3. Punch a circle out of the dark blue card and out of the yellow scrapbook paper. Glue them together, with a butterfly (largest but one) onto it. Design the butterfly in 3D.
4. Punch an eyelet through the circle and tie it with ribbon around the card.

Badeenden *Bath ducks*

Werkwijze zeep
1. Snijd uit het crème karton een strook van 4,5 cm breed en uit het scrappapier een strook van 4 cm breed.
2. Wikkel de crème strook om de zeep en plak de uiteinden op elkaar. Plak de oranje strook daar weer op.
3. Plak een plaatje van een badeend (kleinste maat) op de strook.

Werkwijze pot
1. Snijd uit het scrappapier een strook en plak het met dubbelzijdig plakband om de pot. Plak er een plaatje van een badeend (op één na kleinste maat) op en wrijf er een tekst op.
2. Pons uit het scrappapier een cirkel en plak het met dubbelzijdig plakband op het deksel.
3. Doe badzout in de pot.
4. Maak een labeltje en knoop het aan de pot.

Method 'soap''
1. Cut a strip measuring 4.5cm wide from the cream card and a strip 4cm wide from the scrapbook paper.
2. Wrap the cream strip around the soap and glue the ends together. Glue the orange strip onto that.
3. Glue a picture of a bath duck (smallest size) onto the strip.

Method 'pot''
1. Cut a strip out of scrapbook paper and glue it around the pot with double sided tape. Glue a picture of a bath duck (smallest size but one) onto it and rub on a piece of text.
2. Punch a circle out of the scrapbook paper and glue it onto the lid with double sided tape.
3. Put bath salts into the pot.
4. Make a label and tie it to the pot.

Badset
Bath set

Benodigdheden
• 3D-vellen: badeenden • Papicolor SMART karton: crème (613) • scrappapier: oranje bloemen (Rob & Bob) • gewaxed koord bruin 1 mm • eyelet • wrijfletters (Royal) • cirkelpons: 51 mm (blauw) • glazen pot • zeep • grof badzout

Materials
• 3D-sheets: bath ducks • Papicolor SMART card: cream (613) • scrapbook paper: orange flowers (Rob & Bob) • waxed cord brown 1 mm • eyelet • rub-on letters (Royal) • circle cutter: 51mm (blue) glass pot • soap • coarse bath salts

Mini-scrapbook

Benodigdheden
• 3D-vellen: badeenden • Papicolor SMART karton: crème (613) scrappapier: limegroene bloemen (Rob & Bob) • ivoor lint • geel lint • eyelet • wrijfletters (Royal) • cirkelpons: 38 mm (geel)

Materials
• 3D-sheets: bath ducks • Papicolor SMART card: cream (613) • scrapbook paper: lime green flowers (Rob & Bob) • ivory ribbon • yellow ribbon • eyelet • rub-on letters (Royal) • circle cutter: 38 mm (yellow)

Werkwijze

1. Snijd drie stukken karton van 15 x 21 cm en vouw ze dubbel. Beplak er één met scrappapier. Schuif de stukken karton in elkaar en snijd eventueel de zijkant bij.
2. Maak met de eyelet-tool in alle stukken karton twee gaatjes in de vouw, 2,5 cm van de onder- en van de bovenkant. Rijg lint door de gaatjes en knoop er kleine stukjes lint aan.
3. Pons een rondje uit crème karton en scrappapier. Sla een eyelet door het rondje en knoop het aan het lint vast.
4. Plak een stuk crème karton van 6,5 x 6,5 cm en een plaatje van een kinderwagen (op één na grootste maat) op het kaft.
5. Wrijf er een tekst op.
6. Versier de binnenkant van het boekje met foto's. Ik heb stukken scrappapier van 7 x 11 cm op elke bladzijde geplakt, met daarop een foto of stuk tekst van 6,5 x 10,5 cm.

Method

1. *Cut three pieces of card measuring 15 x 21cm and fold them double. Cover one with scrapbook paper. Slide the pieces of card into each other and, if necessary, trim the side.*
2. *Using the eyelet tool, make two holes in the fold, 2.5cm from the top and the same from the bottom, in each piece of card. Thread ribbon through the holes and tie small pieces of ribbon onto it.*
3. *Punch a circle out of the cream card and scrapbook paper. Punch an eyelet through the circle and tie on the ribbon.*

4. *Glue a piece of cream card measuring 6.5 x 6.5cm and a picture of a pram (largest but one) onto the cover.*
5. *Rub a piece of text onto it.*
6. *Decorate the inside of the book with photos. I have glued pieces of scrapbook paper measuring 7 x 11cm on each page and onto that a photo or piece of text measuring 6.5 x 10.5cm.*

Bloesem *Blossom*

Rechthoekige kaart
Rectangular card

Benodigdheden
• 3D-vellen: bloesem (3 lagen) • Papicolor karton: cerise (33) en olijfgroen (45) • goudkarton
• scrappapier: K-Ology pink & green grandma
• chinees papier (Romak)

Materials
• 3D-sheets: blossom (3 layers) • Papicolor card: cerise (33) and olive green (45) • gold card
• scrapbook paper: K-Ology pink & green grandma • Chinese paper (Romak)

Werkwijze
1. Neem een gewone olijfgroene kaart (10,5 x 15 cm) en beplak het met scrappapier.
2. Plak een stuk goudkarton van 6,5 x 6,5 cm op de kaart, plak er bloesem (op één na grootste maat) op en werk het uit in 3D.
3. Plak een strook cerise karton van 0,75 x 21 cm om de kaart.
4. Snijd een chinees teken uit, plak het op goudkarton en snijd het iets ruimer uit. Plak het met 3D-kit of foamtape op de kaart.

Method
1. Take a regular olive green card (10.5 x 15cm) and cover it with scrapbook paper.
2. Glue a piece of gold card measuring 6.5 x 6.5cm onto the card, glue blossom onto it (largest but one) and design it in 3D.
3. Glue a strip of cerise card measuring 0.75 x 21cm around the card.
4. Cut out a Chinese sign, glue it onto the gold card and cut it out slightly bigger. Glue it onto the card with 3D-kit or foam tape.

Vierkante kaart
Square card

Benodigdheden
• 3D-vellen: bloesem (3 lagen)
• Papicolor karton: cerise (33)
• scrappapier: K-Ology pink & green grandma • Chinese kaart (Romak)

Materials
• 3D-sheets: blossom (3 layers)
• Papicolor card: cerise (33)
• scrapbook paper: K-Ology pink & green grandma
• Chinese card (Romak)

Werkwijze

1. Snijd een stuk cerise karton van 12,5 x 12,5 cm en een stuk scrappapier van 12,5 x 12 cm. Plak het op elkaar, zodat er een klein randje cerise karton zichtbaar is. Plak het aan de binnenkant van de voorkant van de kaart.
2. Snijd een strookje scrappapier van 12,5 x 0,5 cm en plak het iets naast de vouw.
3. Plak bloesem (middelste maat) op de kaart en werk het uit in 3D.

Method

1. *Cut a piece of cerise card measuring 12.5 x 12.5cm and a piece of scrapbook paper 12.5 x 12cm. Glue them together in such a way that a small edge of cerise card is visible. Glue it onto the inside of the front of the card.*
2. *Cut a strip of scrapbook paper measuring 12.5 x 0.5cm and glue it slightly next to the fold.*
3. *Glue blossom (medium size) onto the card and design it in 3D.*

Kaartendoos *Card box*

Benodigdheden

• 3D-vellen: bloesem • Papicolor karton: cerise (33) • Papicolor enveloppen vierkant en rechthoekig: olijfgroen (45) • goudkarton • scrappapier: K-Ology pink & green grandma • chinees papier (Romak)

Materials

• 3D-sheets: blossom • Papicolor card: cerise (33) • Papicolor envelopes square and rectangular: olive green (45) • gold card • scrapbook paper: K-Ology pink & green grandma • chinese paper (Romak)

Werkwijze

1. Snijd uit cerise karton een stuk van 21 x 25 cm voor het deksel en een stuk van 21,75 x 25,75 cm voor de onderkant.
2. Zet de doos volgens de beschrijving op bladzijde 4 in elkaar. De hoogte van het deksel is 2 cm en de hoogte van de onderkant is 2,5 cm.
3. Er zit een vlakverdeling in de onderkant van de doos. Meet de breedte van je doos. Snijd twee stroken van 2 cm breed en de breedte van je doos + 12 cm lang. Vouw eerst 6 cm om, dan de helft van de breedte van je doos en dan weer 6 cm. Plak de stroken in de doos.

4. Beplak het deksel met scrappapier.
5. Snijd uit het Chinese papier twee stroken van 4 cm breed en plak ze op het deksel.
6. Snijd uit goudkarton een stuk van 9,5 x 9,5 cm en uit cerise karton een stuk van 10 x 10 cm en plak het op het deksel. Plak er bloesem (grootste maat) op.
7. Doe zelfgemaakte kaarten met enveloppen en cadeaulabels in de doos.

Method

1. *Cut a piece measuring 21 x 25cm from the cerise card for the lid and a piece 21.75 x 25.75 cm for the bottom.*
2. *Assemble the box according to the description on page 4. The height of the lid is 2cm and the height of the bottom is 2.5cm.*
3. *There is a grid underneath the box. Measure the width of your box. Cut two strips 2cm wide and the width of your box + 12cm lengthwise. Firstly fold over 6cm, then half the width of your box and then again 6cm. Glue the strips in the box.*
4. *Cover the lid with scrapbook paper.*
5. *Cut two strips 4cm wide of the Chinese paper and glue them onto the lid.*
6. *Cut a piece measuring 9.5 x 9.5cm from the gold card and a piece 10 x 10cm from the cerise card and glue it onto the lid. Glue blossom (largest size) onto it.*
7. *Put homemade cards with envelopes and gift labels into the box.*

Cadeaulabels van blz. 1

Benodigdheden

• 3D-vellen: kinderwagens en treintjes • Papicolor SMART karton: crème (613) • scrappapier: limegroene bloemen en blauwe bloemen (Rob & Bob) • ivoor lint • blauw lint • eyelets

Werkwijze label met treintje

1. Snijd uit crème karton een strook van 5 x 14 cm, vouw het dubbel en beplak het met limegroen scrappapier.
2. Plak een strook blauw scrappapier van 0,5 x 14 cm om het labeltje.
3. Plak een plaatje van een treintje (grootste maat) met 3D-kit of foamtape op het labeltje.
4. Maak met de eyelet-tool een gaatje, zowel door de voor-, als de achterkant van het kaartje. Bevestig een eyelet door het gat aan de voorkant van het kaartje en strik er een lintje aan.

Werkwijze label met kinderwagen

1. Snijd uit crème karton een strook van 5 x 12 cm, vouw het dubbel op 5 cm van de kant en beplak het met limegroen scrappapier.
2. Plak een kinderwagen (op één na kleinste maat) op het labeltje en werk het uit in 3D.
3. Maak met de eyelet-tool een gaatje, zowel door de voor-, als de achterkant van het kaartje. Bevestig een eyelet door het gat aan de voorkant van het kaartje en strik er een lintje aan.

Gift labels from page 1

Materials

• 3D-sheets: prams and trains • Papicolor SMART card: cream (613) • scrapbook paper: lime green flowers and blue flowers (Rob & Bob) • ivory ribbon • blue ribbon • eyelets

Method 'label with train'

1. *Cut a strip measuring 5 x 14cm from the cream card, fold it double and cover it with lime green scrapbook paper.*
2. *Glue a strip of blue scrapbook paper 0.5 x 14cm around the label.*
3. *Glue a picture of a train (largest size) onto the label with 3D-kit or foam tape.*
4. *Use the eyelet-tool to make a hole through the front and the back of the card. Attach an eyelet through the hole at the front of the card and tie a ribbon onto it.*

Method 'label with pram'

1. *Cut a strip measuring 5 x 12cm from the cream card, fold it at 5cm from the edge and cover it with lime green scrapbook paper.*
2. *Glue a pram (smallest but one) onto the label and design it in 3D.*
3. *Use the eyelet-tool to make a hole through the front and the back of the card. Attach an eyelet through the hole at the front of the card and tie a ribbon onto it.*

De gebruikte materialen zijn door winkeliers te bestellen bij: Kars & Co B.V. te Ochten • Jalekro B.V. te Assendelft • Papicolor International B.V. te Utrecht • Romak te Hillegom • HOCA te Beek en Donk • Hobby Totaal te Zwolle

The materials used can be ordered from: Kars & Co B.V. in Ochten • Jalekro B.V. in Assendelft • Papicolor International B.V. in Utrecht • Romak in Hillegom • HOCA in Beek en Donk • Hobby Totaal in Zwolle